Ur berg och dal

AF211342

En aforismsamling i livets tjänst

Christopher Botéus

Förlag: BoD – Books on Demand, Stockholm,
Sverige
Tryck: BoD – Books on Demand, Norderstedt,
Tyskland
ISBN: 9789178511846

Ur berg och dal

Den öde ön
Här hamnar vi alla
oavsett lön och kön
Bland de andra i matkön
I gemenskapens kärna
Vandrar vi bland andra
terror pryder löpsedlarna
Riktar fokuset mot de höga vågorna

Att vandra i sanden
Korsa snäckskalen och tidvattnet
Ger anden tid i mjukhet
Sneglar på ön där framme
Bland den öde ön
Vi så smått skymtar
Livets lön

Förord

Denna bok berör det paradoxala i hur Nordens människor upplever livet. Vi lever i en aldrig tidigare skådad rikedom (relativt sett), materiellt överflöd, längre medellivslängd, hög ranking i diverse demokratiindex, ja, listan kan göras lång. Var och en har *möjligheten* att forma sitt liv tack vare ett skattefinansierat utbildningsväsen, få hjälp vid sjukdom eller arbetslöshet. Visserligen finns det också allvarliga samhällsproblem, som inte tycks gå åt "rätt håll", men det är inte min avsikt att fördjupa mig i här. Vad jag vill åt är de immateriella *värden* som ger våra liv *mening*. Inte mening i form av acceptans på sociala medier eller andra infantila sätt att fylla våra bekräftelsebehov, utan de aspekter i våra liv som verkligen betyder något. När vi ligger på vår dödsbädd vågar jag svära på att de allra flesta värderar sin familj, sina barn och sina meningsbyggande gärningar de gjort i sina liv. Vilken bilmodell man för tillfället kör, eller vilken plats i kontorslandskapets hierarki man för tillfället innehar, är bortglömt dagen efter att arbetsplatsen tillsatt tjänsten med ny personal.

"Fä dör, fränder dör, själv dör även du; ett vet jag som aldrig dör, dom över död man"

Ovanstående stycke från Hávamál berör min poäng. Domen över död man handlar dock inte endast om vad efterlevande tycker och tänker, liggandes på sin dödsbädd är det främst en själv som dömer. Det gångna livets riktning recenseras och kritiseras; varför gjorde jag inte det som lockade, varför vågade jag inte byta bana... I slutändan kokar allt ned till vår osäkerhet; vår osäkerhet på oss själva och inte minst på vår plats i universum.

I alla årtusenden människan har funnits och verkat här på jorden har vi närt samma frågeställningar; vilka är vi, var är vi, varför finns vi till. Tack vare historiska källor och arkeologiskt material kan vi (högst ytligt) till viss del ta del av våra förfäders föreställningsvärld och leverne. Vi märker av känslomässigt betingade begravningar, och abstrakta konstverk, redan hos neandertalarna för tiotusentals år sedan. Det mänskliga släktets snabba expansion och utveckling särskiljer oss från de flesta andra arter på jorden, men samtidigt är det en försvinnande liten del av vår historia som vi känner till i detalj. Från europeisk bronsålder och fram till våra dagar finns allt från fragment till detaljerade källor som beskriver hur våra förfäder upplevde sina liv och sin omvärld. Samtidigt har vi tiotusentals år av stenålder där vi vet mycket lite, och då i princip inget om deras immateriella värld. Något att förhålla sig ödmjuk åt.

I denna bok gör jag ett personligt försök att ge min syn på många av livets grundläggande frågor, baserat på *min* tid här på jorden. Jag har inspirerats av bland annat arkeologiska och historiska källor, spiritualism och andlighet, och min personliga uppfattning om såväl personlig utveckling, som hållbarhet för vår hälsa och miljö. Min förhoppning är att både äldre och kommande generationer kan bli både inspirerade och utmanade av bokens budskap, och mana människor till att bli en starkare, mer balanserad version av sig själva.

Bokens kapitel följer en metaforisk så väl som en bokstavlig resa genom våra liv och vårt magiska universum...

Christopher Botéus, våren 2020

Utmejslingen

1

Existens – Himlakroppar, likt vår egen måne, är ett fysiskt fenomen som alldeles uppenbart existerar. Vi ser den, vet hur den påverkar tidvattnet och ett mikroskopiskt litet antal av oss har gått på den. Jag ser och berör också andra människor – existerar vi på samma villkor?

2

Allting vibrerar – Ja, bokstavligt talat. Den spirande kvantfysiken berättar om hur allt är vibrationer. På subatomär nivå råder konstant rörelse och energi, vad vore väl en mer renodlad magi? Det är svårt att inte undra om upphovsmännen till senantikens hermetiska filosofi själva visste hur rätt de hade om mycket – bokstavligt.

3

Så som i himmelen, så ock på jorden – Makro och mikro, det sammanstrålar i vår andetro. Det lilla speglar sig i det stora och tvärtom. Atomens mindre partiklar kretsar i ett omlopp liksom planeterna runt solen. Se till att vara den *förändring* du vill se på jorden.

4

Vardagen – Dagarna där livet sker. Behöver du semester från livet?

5

Sagor – Låter oss fly verkligheten. Skapa din egen som passar, vare sig det är i skrift eller "på riktigt". Vilken verklighet är det som avses där nornorna spinner ödets trådar?

Ideal – Något att leva upp till. Siktar vi mot stjärnorna, eller är trädtopparna målet? Vi behöver utmaningar såväl som motgångar för att utvecklas. Något att nötas och stötas emot. Det åtråvärda priset och målet får emellertid inte glömmas av; Valhalls glänsande sköldväggar ses där, precis bakom den stora uppoffringen...

Utmejslingen – Berget behöver sprängas bort för att motorvägen ska dras fram i sin fulla sträckning. Trots allt är det allt som betyder något; livets riktning är vår kompass och moral.

8

Pessimisten - Den fullt ut pessimistiske och misantropiska människan lever inget *mänskligt* liv.

9

Vår plats - i naturen speglar sig i vårt inre. Harmoniskt, balanserat och vackert, eller ett förgiftat kaos? Befinner vi oss utanför naturen befinner vi oss utanför oss själva.

10

Mörka moln – Ger den klarblå himlen dess så
välbehövliga kontrast. Den eviga cykeln i det
stora ger oss en fingervisning om vårat eget
narrativ.

11

Frisk luft – Behovet av att ge sig iväg för att få
"frisk luft" säger mycket om vår vardagliga
livsmiljö och situation.

12

Det djupa havet – Under ytan, långt ned i djupets dunkel, lagras allt. Det utgör en källa för alla våra upplevelser i den här världen, att plocka fram och bearbeta.

13

Att gå vidare – Det gör man inte. Livet och universum är inte linjärt, tvärt om. Erfarenheter, goda och smärtsamma, finns kvar i ditt personliga bibliotek.

Mosaiktaket – Solens strilande genom ädellövskogens täta tak – skönhet från roten till himlen.

Värderingar – Något *man* lägger ett värde i. Behöver inte alltid, kanske till och med rätt sällan, vara liktydigt med sanningen – det vill säga *det som är.*

Symfoni – När våra ansträngningar, mål och visioner går samman i ett, uppstår den vackraste symfoni i vår strävan.

Det heliga kungariket – Där finns inte oärlighet och falska människor vilka saknar heder och lojalitet. Det återfinns endast i sinnet hos rättrådiga människor.

Ett ensamt torp – I sin prakt, belägen i skogsgläntan. Familjen samlas framför brasan, nedanför konstverket av allmogestil för att inta dagens middag från egenproducerade livsmedel. Vad vore väl mer *genuint*?

Skördetider –. Bland de få fenomen i denna värld som är oundvikliga hör lagen om skörd och sådd. Sår du elakhet skördar du ensamhet och olycka. Sår du ett frö skördar du en starkare hembygd och en friskare planet.

Shamanen – Han som integrerar anden i allt levande och i universum självt.

Sten för sten – Bygg alltid, trots risken för att allt rivs på ett ögonblick. Utvecklas alltid i allt du tar dig an, även om allt inte lönar sig. Visa omtanke mot dina nära; en dag finns dem inte kvar. Lyssna inåt och högre – bli din bäste version av dig själv.

Uppenbarelsen – I de mest otippade stunder träder de fram, de där sällsynta stunderna av klarhet och helighet.

Tecken – Att bygga sin tro och sina förhoppningar utifrån externa tecken är vanskligt och tudelat. Emellertid samtidigt bland det starkaste som finns när de dyker upp, de tillfällen som inte går att se förbi.

Inspiration – När du får kraft att göra det du
brinner för i en grå vardag. En välbehövlig
knuff i riktning mot det som betyder något.

Ginnungagap – Innan vi människor tillverkar ett
föremål planerar och analyserar vi på ett
mentalt plan hur det ska gå till. Vem planerade
tillkomsten av det som sedermera skapades ur
den ursprungliga avgrunden?

Moder jord – Vi måste visa henne respekt. Vi är beroende av henne medan hon klarar sig minst lika bra utan oss.

Slyröjning – Det oanvändbara behöver röjas bort för att ge plats för den planerade nyttan.

Marknaden – Organisera ditt arbete och visa frukterna av dess förlopp. Blott hårt arbete räcker inte – det ska paketeras mot en glad fasad.

Essens – När du skalat av lager för lager, tills det sista skiktet när det inte finns ytterligare möjlighet. Vad finns kvar där under?

Banbrytande tankar – Bryt ny mark, tänk nya tankar. Trotsa *farorna* som hägrar, de fyller sin funktion som meningsgivande gnista. Säg vad du har på hjärtat, trots att det bryter konsensus i församlingen. Kartlägg och undersök likt *Dr Livingstone*.

***

Vandrande längs vägarna

Du känner ej sikten bakom krönets mystik

Driven och jagad över vidder

Blott människa du är

Förvriden till trots

Längre fram på vägen du nått

Bakåt i fjärran du ser

Konturer av fröna du sått

Guidad av fyren där fram

Vad som är – kunde inte få vara det som var

En omfamnande himmel

Värnar Den de sina

Går de att urskilja

I livets vimmel

Låten som sjungs i kör

Får inge hoppet i mellanrummet

Där salighetens blandning

Kämpar om din sanning

Sekvenser av drömmar

Eldar på och förgyller

Hoppet, åh kära hoppet...

Bakom det dolda krönets mystik

Finns där det det gyllene landets vik?

Bergsbestigningen

30

Polstjärnan – Sök din unika motivation och följ dess ledmotiv. Du är sjömannen som tar sikte på den brinnande polstjärnan.

31

Fallande stenar – inlandsisen lämnade efter sig gott om morän. Det är lätt att rasa med ena foten i grusavlagringarna på vägen upp.

Såret – Det gamla, förträngda och gnagande
problemet försvinner inte för att det stängs in
bakom lås och bom. Inte ens om du kastar
nyckeln ut i den djupaste sjö.

Livsförnekarna – Den som inte vill utvecklas och
hedra livet vi alla begåvats med. De som förstör
för andra, och framförallt för sig själva. Inte
minst de som saknar förmågan till abstrakt
tänkande; de som blott lever efter djungelns
lag.

Inlärningsprocessen – Det lilla barnet behöver krypa innan det går, gå innan det springer och framförallt utforska innan det växer.

Ångest – Vad kan väl vara en mer precis beskrivning av människans essens, än ångesten som drabbar tänkande människor?

Frihet – Att vara fri från yttre tvång och auktoriteter innebär inte att man är fri från sitt inre.

Återkommande lockelser – En säker cykel, likt planeternas kretsande kring solen, upprepar sig i en process. Den tärande lockelsen kommer med jämna mellanrum, men blir inte mer tillåten ju mer den uppträder. Få företeelser testar en människas karaktär i större utsträckning.

Naturens moral – Äta eller ätas, punkt.
Universums främsta lag, som föga bryr sig om
vilka värden människan påför, likt rättvisa,
kärlek och frihet.

Majstången – Så grön i sin prakt. Resultatet av
kontinuitet; ett samband mellan människan och
hennes omgivande miljö.

Frustration – Att slå huvudet mot väggen, som i sin tur vägrar ge vika. Nöta, stöta, blöta. Stagnerad energi som inte släpper.

I den andre – Kan vi se oss själva i andra? Om var och en filtrerar ned den stora helheten och skapar vår verklighet efter vår egen förmåga, hur kan vi då känna igen oss i andra? Det går emot konceptet att vi alla är unika.

Människa och djur – Är vi människor ett djur bland andra eller helt väsensskilda? Vilka referenspunkter har den moderna människan med ett lejon, i dess kamp för liv och död? Ett lejon som orädd ger sig i kast med en buffel, med risk för att själv bli spetsad på dess horn. Vad har lejonet för likhet med en människa, som sitter i sin läshörna och funderar över "livets mening"?

Evolutionen – Är Darwins teori kompatibel med våra mänskliga ideal? Lyckligtvis tar vi (oftast) hand om våra svaga, och inte endast de starka bildar familj. Är detta vår stora gränslinje mot djurriket?

Vårdagjämning – En stigande sol över horisonten, en ny gryning. Vacker musik förgyller känslan av morgonkaffet och sätter an tonen för dagens möjligheter.

Fortgå – Hur kan vi leva ett normalt liv utan att känna oss normala? Vem skapar värdet i huruvida en företeelse är normal eller inte, och på vilket sätt ska det beröra ens vardag?

Frid i sinnet – De vise tvistar kring om lugn och frid i sinnet ska tolkas som en lyckad vandring, eller som en uppgivenhet och undfallenhet inför livet.

47

Fågelkvitter – Naturens ljuvligaste musik, vilken fyller oss med vårkänslor och glädje. Emellertid lika dualistiskt som allting annat i universum – dess mening är för fåglarna någonting helt annat.

Rusningstrafik – Ekorrhjulets mest pricksäkra och tragiska symbol?

Kartläggning – Fördelar och nackdelar vägs i en riskanalys. Svårigheten ligger i att separera analysens olika beståndsdelar: ekonomi, utveckling och livsglädje.

Nystart – Att flytta till fjärran länder, eller till grannstaden, för att börja om är verklighetsfrånvänt och ett tecken på defaitism.

Nya möjligheter – Fråga dig själv; skulle dina förfäder vara stolta över hur du hanterat dina möjligheter? Kan du känna dig stolt över dig själv om så inte är fallet?

Perspektiv – Att se bakåt på tidigare generationer, att behålla de som är borta sedan länge i hjärtat samtidigt som man tittar på sina barn. Att passa in och göra det bästa av sin egen roll i kedjan.

Kontinenternas tävlan – Skilda världar har vi gott om, men ändå inte. Vem drar det längsta strået, och varför?

Tvivlet – Vår bästa vän, vars önskan är att vi utmanar oss själva och våra tankar. Som ser till att vi inte stagnerar i vår utveckling.

Det oskyldiga skrattet – Barnets skratt, en symbol för nyfikenhet, glädje och ett öppet sinne. Det ursprungliga arket vilket sedan blir befläckat med livets erfarenheter.

Fasta principer – Att stå emot det simpla och
lockande, att utgöra ett motvärn mot
dekadensens högborg.

En konstgjord värld – Fyra väggar och ett tak; de
är fyllda med vad vi skapar och företar oss.
Med alla aspekter för vad vi behöver som
biologiska varelser – Finns naturen i allt?

Länkning – Här avses inte något som har att göra med modern it-teknik, trots en liknande vokabulär. En riktig länkning handlar om att vårt väsen, *hela* vårt väsen, tar kontakt med ett annat.

Den hårdaste materian – De hårdaste bergarterna och annat i vår fysiska värld delar samma fundamentala grund som den mjukaste bomull; det är bara frekvensen som skiljer.

60

Myntets sidor – Det finns alltid två sidor, hur svårt det än är att se det i stundens hetta. Allt vi känner till har sina poler och motsatser. Den stora frågan är vilken vi väljer.

61

Den enes död – Är som bekant den andres bröd. Går det att se ljuset i en värld där någon alltid måste offras för att nära den andre? Finns det möjlighet att bevara en respekt mot den som brukas skall?

* * *

En illusion

Gäckar vårt sinne

Likt den magiska sommarkvällen

Som en mörk vinterkväll lever kvar i vårt minne

Bland svart och vitt

Gränslandets spröda horisont

Livets riktning ger mening

När kropp och själ

Möts i helig förening

Det eviga

62

Genus – Liksom allt har sin motpol, har vi alla både maskulina och feminina aspekter i våra sinnen. När dessa är i balans och vi själva i allmänhet likaså, uppstår vår naturliga roll i tillvaron. De maskulina egenskaperna, som de analytiska, logiska och linjärt intellektuella strömmarna, utgör kontrasten mot det kreativa, omtänksamma och förmågan att se helheten. Denna naturliga lag är lätt att urskilja i samhället som helhet.

63

Tid och rum – Födas och dö, stå i kö till livets skörd. Livets äldsta och mest övergripande princip.

64

Den blomstertid nu kommer – Kombinationen av barndom, den grönskande årstiden sommaren utgör och framtidstro är ren magi och skönhet.

Det immateriella – Det som styr köttet, vad som känns på fjälltoppen, det som lurar bland stjärnorna.

Ockultisten – Sanningssökaren som letar bland det fördolda, med ljus och lykta.

Livets mening – Att utveckla sitt medvetande; att lära, nöta, stöta och älska.

Ängelns godnattvisa – I ett dualistiskt universum där de går att finna de vackraste sommarängar, finns oundvikligen flaskan och rännstenen i andra änden av skalan.

Den lilla regnbågen – Ibland tränger regnbågen igenom de mörka molnen, om så bara för en liten stund.

Alfa och beta – De kunskaper vi har om hjärnvågor och sinnestillstånd ger oss blott en rimlig slutsats; vi spenderar för mycket tid i det analyserande och resonerande betatillståndet, och för lite i alfatillståndets andliga, meditativa och kreativa värld.

71

Energi – Kan som bekant inte förstöras, bara omvandlas. Kan då något i universum förstöras?

72

Övernaturligt – Antingen rena fantasier, eller ett fenomen vi ännu inte intellektuellt kan förstå.

Vårsådden – Bonden sår på våren det som skördas på hösten skall. Varför är samma naturlag så svår att förstå i våra egna liv, *som man sår får man skörda.*

Bortom ordens lögn – Att säga något man inte menar, är både fult och ett självbedrägeri. Ingen enskild människa kan ta på sig alla problem i världen – inte lika engagerat som om det gällde ens familjs eller eget liv och hälsa.

Home is where the heart is – Och där det finns en
andlig och kärleksfull anknytning.

Syndernas förlåtelse – Kan ingen annan ge åt dig.

Dödsångest – Kan i grunden vara något positivt; ångesten är ett tecken på att man uppskattar det och de man har, och inte vill lämna.

Healing – Att bringa balans till det som var i obalans, göra ett stormigt hav till spegelblankt vatten, och inte minst få den stillsamme att storma emellanåt.

Rätten till våld – Rätten att försvara sig och de sina mot oprovocerade fysiska eller verbala angrepp, kan aldrig bryta mot någon lag. Åtminstone inte *andliga* sådana.

En dag till – I kampen mot demoner, vare sig det handlar om inre eller yttre, gäller det alltid att i första hand hålla sig flytande till nästa soluppgång.

Vad du är – Som ung hör man många synpunkter på vad man ska *bli.* Oavsett val gjorda i ungdomen, blir man i slutändan den man *är.*

Sovmorgon – Själva definitionen av helhetsperspektiv och balans; balans mellan livet och plikten.

Olika vägar

Genom tid och rum

Omsluter allt

Kretsande i universum

Bland storm och stillhet

Vandraren framåt tar sig

Genom bråte och snår

Beklagar sig aldrig

Över att vägen är svår

Ett evigt kontinuum

En väg leder än hit

En annan leder dit

Sammanflätade i tidens och livets aptit

Bergstoppen

83

Lyckan – Det tidlösa tillståndet som uppstår på bergets topp. De gränslösa vidderna och klarheten i hjärtat förenar livsglädjen med anden.

84

Familjen – Vad annars?

Nyårsafton – Ett bokslut både för ekonomin och själen. En chans att starta om; en chans att fortsätta i framgångsrika spår. Kanske också en av de främsta symbolerna för mänsklighetens behov av framtidstro, att det finns något *mer* och *gott* i världen, än vad vi matas av genom massmedierna.

Ett stort beslut – Emellanåt kommer stunderna där allt ställs på sin spets; de där stunderna då världen stannar upp och väntar på svaren.

Den galande tuppen – Vittnar om den gryende morgonen, liksom om naturens ordning och kontroll.

Den elektriska impulsen – Som tillsammans med kemiska signaler och nervretningar, sägs ligga bakom allt vi upplever, känner och tänker. Tämligen oförenligt med tanken på en fri vilja.

Anden i den fysiska kroppen – Motsatsen till teorierna som hävdar att vår fysiska hjärna skapar vårt medvetande. Kanske är det inte *meningen* att veta hur det verkligen förhåller sig, åtminstone inte nu, i *detta* liv.

Skapande kraft – Oavsett hur den definieras, avgränsas och analyseras, går det inte att förneka den skapande, kreativa kraften som skapat både universum och livet som vi känner det. Sedan är det upp till var och en vad för namn eller beteckning som används.

Meditation – Urgamla principer och metoder
upplever en modern pånyttfödelse. Emellertid
betydligt vidare mening än slutna ögon i
lotusställning; det kan vara att se in i elden som
brinner i den mörka natten.

Genvägen – Att göra det *rätta,* mer regel än
undantag lika med att göra det svåra,
prövande, riskfyllda och inte minst obekväma.
Genvägen är blott en illusion.

Nya steg – Gamla dör, unga föds. Livet förändras, vi krossar hjärtan och vadar genom smärtan. Oavsett var vi befinner oss i livscykeln finns dock möjligheten till förändring, hägrande bakom våra utmaningar.

Naturens föränderlighet – Allting förändras, alltid och hela tiden. Allting är i rörelse, från minsta cellnivå till himlakropparna. Träden skiftar färg, landskapet likaså. Vad kan väl vara huvudpoängen, om inte att lära och utvecklas?

95

Den gröna ängen – Existerar någonstans, innerst
inne, i varje människas väsen.

96

Frukten – Det goda inspirerar, lockar och bjuder
in till dans. Smittar av sig, och dubblerar sig i
accelererande fart.

97

Livet – Det eviga, närmast odefinierbara och det mest storslagna. Det vackraste, hemskaste och mest grundläggande för universums *mening*.

98

Buren – Fysiska begränsningar är vår andes största hinder. Vårda kroppen väl, och var tacksam över dess förmågor.

Varje tid – Har sina trender, religioner och konsumtionsmönster. Man kan inte döma dåtidens människor efter våra nutida måttstockar.

Ur berg och dal – Formades livet och vår planets själsliga liv. Vår planet som innehåller de vackraste naturscenarier, liksom de mest storslagna byggnadsverken. Allt liv, varje art, är i sin egna prakt en del av den kreativa kraften som skapat oss alla. Det torde inte vara omöjligt för varje människa att behålla barnets fascination och nyfikenhet på vår magiska värld.

Om författaren

Christopher Botéus är poet och fil kand inom arkeologi och kulturarv. Driver eget företag inom friskvårdsbranschen och har ett stort intresse för hälsa, kultur, natur och andlighet.

Läs mer om Christopher och hans tidigare böcker på www.cbfototext.webnode.se

Tack

Jag vill tacka min fästmö Ida för uppmuntran med boken och tron på mig.

Tack även till Carl Andersson som visade mig aforismernas kärnfulla och slagkraftiga värld.